合唱で歌いたい！ スタンダードコーラスピース

混声3部合唱

輝くために

作詞・作曲：若松 歓

JN149863

●●● 曲目解説 ●●●

校内合唱コンクールの選曲に、新しい曲を入れたい時にオススメの一曲。自然に耳に残る美しいメロディーと歌いやすさが、練習をスムーズにさせてくれます。男声パートが大いに活躍できるおいしい旋律もあり、クラスが一つになれる楽曲です。

【この楽譜は、旧商品『輝くために（混声3部合唱）』（品番：EME-C3085）と内容に変更はありません。】

ELEVATO
MUSIC ENTERTAINMENT

輝くために

作詞・作曲：若松 歓

4 A
p
どこまでも つづく みちを はてしない このみ ちをー
どうしてー にんげ んはー あらそい にくみ あいー
8
そうさいつだーーって ぼくたち はー あるい ている
なぜわかりあーえず きずつけ てーしまう のーか
R.H.
L.H.
12 B
mp
Uh Uh かぎ りー あるー
Uh Uh そし てー いまー
だれもーがじんせ いをー しあ わせにー あるきたいー かぎ りー あるー いのち
はるかーなときの なかー このほ しはー うまれーたー そし てー いまー ぼくた

15
cresc.
いのちだ からー ー すて きにー ー
ぼくたち ーはー ー であ えたー ー
だ からー すて きにー ー
ち ーはー であ えたー ー
8va
18 C
f
せつないおもいーも わかれーのなー みだーも すべてむねにだーき し めてー
ことばにできなーい あふれーるおーもいーを このそらにつたーえ た いよー
(8va)
22
えがおであしたーを みつめーたいー なみ だ ふーいて ふりかえ ら ずに
なみだのしずくーも ほほえーみもー どんな こーとも わかちあ
1.
3
8va
mp

26
2.
D
f
えるとー
いきるよろこびーも いきるーかなーしみーも すべてむねにだーき
えるとー
いきるよろこびーも いきるーかなーしみーも すべてむねにだーき
えるとー
Uh Uh かなしみ
8va
30
しめてー みんなであしたーへ ふみだーそうー どんなとーきもかがやく
しめてー みんなであしたーへ ふみだーそうー どんなとーきもかがやく
すべてー だーきしめてー あしたーへ ふみだーそうー どんなとーきもかがやく
(8va)
3
34
ために
ために
ために
8va
mp

MEMO

輝くために

作詞:若松 歓

どこまでも　続く道を
果てしない　この道を
そうさいつだって　僕たちは歩いている

誰《だれ》もが人生を幸せに歩きたい
限りある命だから　素敵《すてき》に――

せつない思いも　別れの涙も
全《すべ》て胸に抱きしめて
笑顔で明日《あした》を見つめたい
涙ふいて　振り返らずに

どうして人間は
争い憎み合い
何故《なぜ》わかり合えず傷つけてしまうのか

はるかな時の中　この星は生まれた
そして今僕たちは　出会えた――

言葉にできない溢《あふ》れる思いを
この空に　伝えたいよ
涙の雫《しずく》も　微笑《ほほえみ》も
どんなことも　わかち合えると

生きる喜びも　生きる悲しみも
全《すべ》て胸に抱きしめて
みんなで明日《あした》へふみ出そう
どんな時も　輝くために

ELEVATO
MUSIC ENTERTAINMENT

ご注文について

エレヴァートミュージックエンターテイメントの商品は全国の楽器店、ならびに書店にてお求めになれますが、店頭でのご購入が困難な場合、当社PC＆モバイルサイト・電話からのご注文で、直接ご購入が可能です。

◎当社PCサイトでのご注文方法

http://elevato-music.com

上記のアドレスへアクセスし、WEBショップにてご注文ください。

◎お電話でのご注文方法

TEL.0120-713-771

営業時間内に電話いただければ、電話にてご注文を承ります。

◎モバイルサイトでのご注文方法

右のQRコードを読み取ってアクセスいただくか、
URLを直接ご入力ください。